JE DÉTESTE LES LUNDIS...

Toi y compris !

Max Lachmich

JE DÉTESTE LES LUNDIS... TOI Y COMPRIS !

Livre amusant d'activités adultes pour se défouler

Avant de T'occuper de
Ces Sacrés “weirdos”...

Trouve-toi un alibi en béton au cas où ce livre s'évapore. Imagine un peu si un de ces collègues un peu à l'ouest tombe dessus ? La grosse galère, non ?

TES PUTAINS D'INITIALES

....

TON SURNOM DONT TOUT LE MONDE S'EN FOUT

....

Si ce livre disparaît, RIP ta vie sociale ! Tu veux vraiment que tes collègues, ton boss, et même Mamie Loulou sachent ce que tu penses d'eux en mode ninja ?

LE KIT DE SURVIE AU FESTIVAL DES GUIGNOLS !

Voilà ce qu'il te faut :

✓ UN CRAYON À BOUT

(Ton boss en version pocket)

✓ DES CRAYONS DE COULEUR USÉS

(Aussi crevés que toi !)

✓ UNE JOURNÉE BIEN POURRIE

(Comme un lundi typique, quoi !)

Et pour les cas extrêmes :

DES CISEAUX, UN MARTEAU, QUELQUES PÉTARDS,

ET UN CV POUR LE PLAN Z.

Fonce, champion !

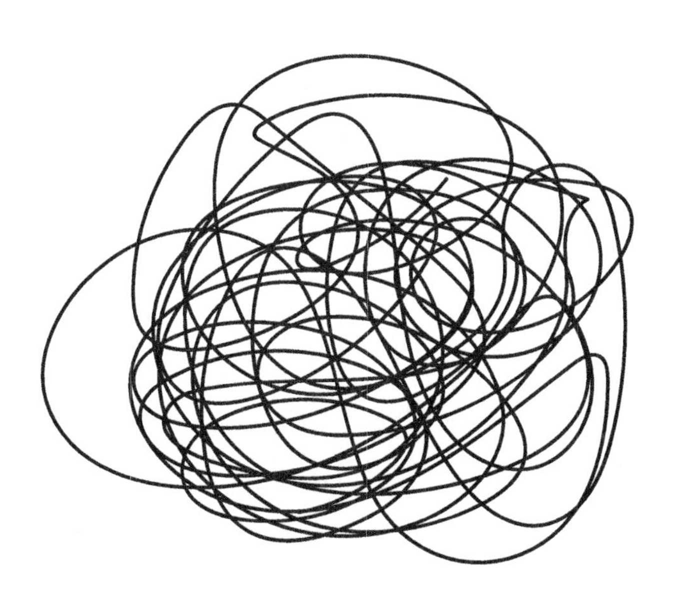

Dans le bureau, Oskar ronronne,
Regardant les collègues, il frissonne.
Ici, l'humour est roi, sans aucune loi,
Avec ce livre, on rit, on oublie les émois.

Les journées longues, les têtes lourdes,
Mais avec ces pages, on oublie les foudres.
Malicieux, piquant, parfois un brin méchant,
Ce livre, c'est le trésor des moments plaisants.

Venez, dans cette folle épopée, partons,
Où l'humour règne, loin des mornes horizons.
Par des croquis et des mots, on s'évade, on rit,
Grâce à ce livre, chaque jour morose s'embellit.

MAÎTRISER CE LIVRE COMME UN PRO !

IMAGINE LE TRUC COMME ÇA : CE LIVRE, C'EST TA ZONE DE CHILL OÙ TU PEUX TOUT BALANCER. PAS BESOIN D'ÊTRE UN GRAND PEINTRE OU UN AS DU STAND-UP. IL SUFFIT D'EN AVOIR MARRE.. VRAIMENT MARRE !

EXPRIME-TOI LIBREMENT. LES LIGNES ? C'EST JUSTE UNE PISTE DE DANSE POUR TES PENSÉES EN MODE FREESTYLE.

NOTE CE QUI TE PASSE PAR LA TÊTE. C'EST TON DÉLIRE, PERSONNE NE VA LE CHECKER, SAUF SI T'AS ENVIE DE PARTAGER.

MODE RAGE

TOUJOURS EN COLÈRE ? C'EST TOI LE BOSS. DÉCHIRE UNE PAGE ET RESPIRE, ON EST TOUS DANS LA MÊME GALÈRE.

TON DEAL AVEC OSKAR

ALLIANCE REBELLE

MOI, ________________________, JE JURE SUR MA SÉRIE PRÉF' DE REMPLIR CE LIVRE AVEC TOUTE MA RANCOEUR, MON IRONIE MORDANTE ET MON HUMOUR DÉCALÉ. JE M'ENGAGE À EN FAIRE MON ARME SECRÈTE CONTRE LA CONNERIE AMBIANTE.

MON GAGE DE LOYAUTÉ : _____________

BIENVENUE CHEZ LES OUF- TASTIQUES !

BRAVO ! RIEN QUE LE FAIT D'AVOIR SURVÉCU AUX TRACAS DU BOULOT JUSQU'ICI, ÇA TE CLASSE DIRECT DANS LA CATÉGORIE POIDS-LOURD DES WARRIORS. LA VIE, C'EST PAS TOUJOURS UNE PART DE TARTE AUX FRAISES, MAIS AVEC CE LIVRE EN MAIN, T'AS TA DOSE DE FUN GARANTI, TON PASS VIP POUR UNE VIE AU BOULOT MOINS ENNUYEUSE !

Ton Coin Quotidien pour RâLer

VOICI TON ESPACE PERSO POUR LÂCHER TOUT CE QUE LE QUOTIDIEN TE BALANCE : QUI OU QUOI T'A AGACÉ AUJOURD'HUI ? QUEL PETIT TRUC T'A RENDU COMPLÈTEMENT MARTEAU ? VAS-Y, LÂCHE-TOI, DÉBALLE TOUT ! ET N'HÉSITE PAS À REVENIR À LA CHARGE CHAQUE FOIS QUE LE BESOIN SE FAIT SENTIR...
TES COUPS DE GUEULE SONT ROYALEMENT ACCUEILLIS ICI, CAMARADE !

Date : ______________________ Niveau de Contrariété :

Source de Contrariété: ____

____

____

Date : ______________________ Niveau de Contrariété :

Source de Contrariété: ____

____

____

Date : ______________________ Niveau de Contrariété :

Source de Contrariété: ____

____

____

Date : ______________________ Niveau de Contrariété :

Source de Contrariété: ____

____

____

Date : ______________________ Niveau de Contrariété :

Source de Contrariété: ____

____

____

Date : ______________________ Niveau de Contrariété :

Source de Contrariété: ____

____

____

Date : ______________ Niveau de Contrariété :

Source de Contrariété: ______________

____

____

Date : ______________ Niveau de Contrariété :

Source de Contrariété: ______________

____

____

Date : ______________ Niveau de Contrariété :

Source de Contrariété: ______________

____

____

Date : ______________ Niveau de Contrariété :

Source de Contrariété: ______________

____

____

Date : ______________ Niveau de Contrariété :

Source de Contrariété: ______________

____

____

Date : ______________ Niveau de Contrariété :

Source de Contrariété: ______________

____

____

Date : ____________________ Niveau de Contrariété : ☹ 😮 😠

Source de Contrariété: ____________________

____

____

Date : ____________________ Niveau de Contrariété : ☹ 😮 😠

Source de Contrariété: ____________________

____

____

Date : ____________________ Niveau de Contrariété : ☹ 😮 😠

Source de Contrariété: ____________________

____

____

Date : ____________________ Niveau de Contrariété : ☹ 😮 😠

Source de Contrariété: ____________________

____

____

Date : ____________________ Niveau de Contrariété : ☹ 😮 😠

Source de Contrariété: ____________________

____

____

Date : ____________________ Niveau de Contrariété : ☹ 😮 😠

Source de Contrariété: ____________________

____

____

Date : ____________________ Niveau de Contrariété :

Source de Contrariété: ____________________

____

____

Date : ____________________ Niveau de Contrariété :

Source de Contrariété: ____________________

____

____

Date : ____________________ Niveau de Contrariété :

Source de Contrariété: ____________________

____

____

Date : ____________________ Niveau de Contrariété :

Source de Contrariété: ____________________

____

____

Date : ____________________ Niveau de Contrariété :

Source de Contrariété: ____________________

____

____

Date : ____________________ Niveau de Contrariété :

Source de Contrariété: ____________________

____

____

Date : ____________________ Niveau de Contrariété : 🙁 😮 😒

Source de Contrariété: ____________________

____

____

Date : ____________________ Niveau de Contrariété : 🙁 😮 😒

Source de Contrariété: ____________________

____

____

Date : ____________________ Niveau de Contrariété : 🙁 😮 😒

Source de Contrariété: ____________________

____

____

Date : ____________________ Niveau de Contrariété : 🙁 😮 😒

Source de Contrariété: ____________________

____

____

Date : ____________________ Niveau de Contrariété : 🙁 😮 😒

Source de Contrariété: ____________________

____

____

Date : ____________________ Niveau de Contrariété : 🙁 😮 😒

Source de Contrariété: ____________________

____

____

VISAGES SUR TOAST

POURQUOI DES TOASTS, TU DEMANDES ?
EH BIEN, PARCE QUE, AU BOULOT, ON A
TOUS UN COLLÈGUE INSIPIDE ET
DESSÉCHÉ QU'UN VIEUX TOAST.
MAINTENANT, C'EST TON TOUR DE
JOUER : DESSINER SUR CE TOAST LA
TRONCHE D'UN CASSE-PIEDS QUI T'A
POURRI LA JOURNÉE.
LAISSE PARLER TON IMAGINATION
SATIRIQUE !

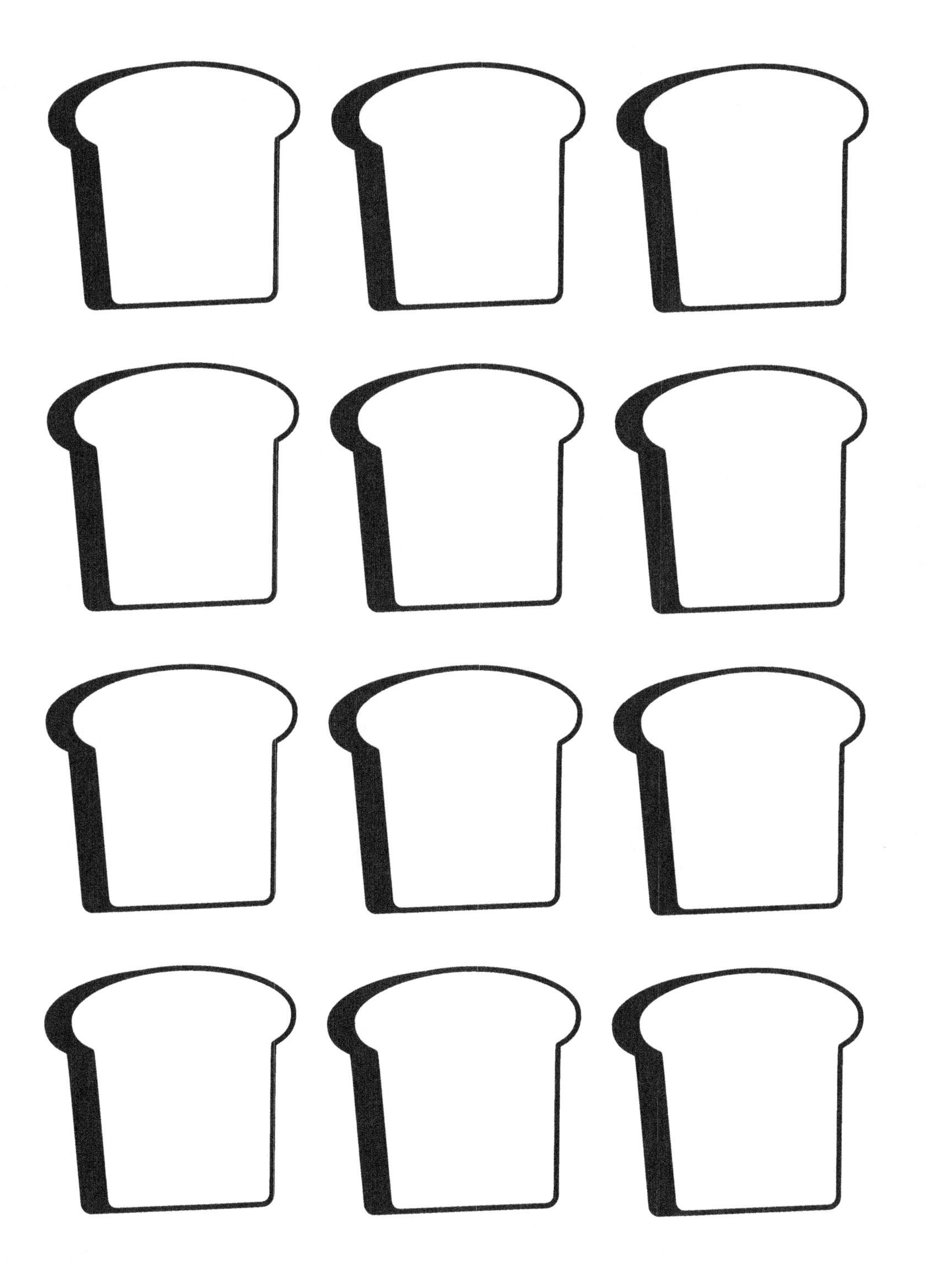

DES MOTS POUR DÉCRIRE CES TRONCHES DE TOAST

LES MOTS PEUVENT ÊTRE CACHÉS DE HAUT EN BAS, DE BAS EN HAUT, DE L'AVANT VERS L'ARRIÈRE, OU INVERSEMENT.

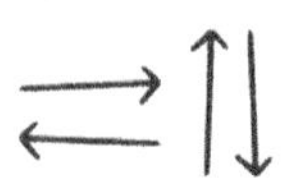

B	F	N	E	E	M	H	I	E	Q	F	U	T	K	F	P	K	F	M	R
J	J	C	D	Q	U	H	V	F	U	H	Q	V	Q	O	M	U	T	F	W
C	F	D	J	R	I	R	J	K	P	B	R	G	O	E	H	Q	U	P	E
G	T	I	O	R	D	A	L	A	M	D	D	D	F	X	U	X	N	H	T
A	I	K	L	H	R	T	I	X	P	N	H	R	N	I	P	U	M	L	S
F	Y	P	B	H	U	O	F	N	H	J	V	P	O	L	U	T	F	P	Ï
C	F	D	I	K	O	Y	J	K	O	T	R	H	G	N	W	H	Q	N	O
I	Y	D	D	C	T	F	X	T	E	T	A	A	A	I	J	L	H	T	G
B	W	P	G	H	É	R	G	I	P	U	L	U	S	M	F	S	E	D	É
R	I	Q	K	M	Y	M	R	O	X	A	L	T	V	I	E	D	I	Q	X
J	D	T	I	A	R	T	S	I	D	H	T	A	Q	F	G	W	N	Q	U
P	F	J	K	J	L	W	B	E	T	A	A	I	H	J	K	G	A	H	E
D	R	A	V	A	B	V	M	O	X	R	M	N	O	V	T	L	S	F	F
S	W	D	X	I	X	J	S	F	S	Â	X	U	E	V	H	Y	T	E	H
A	R	R	O	G	A	N	T	F	O	L	X	F	I	J	O	A	N	X	M
N	X	U	E	I	R	U	C	D	G	E	Q	T	V	L	J	J	A	I	L
E	H	K	S	G	G	O	J	K	G	U	A	O	D	C	T	N	C	X	S
O	V	B	R	R	L	L	Y	D	Q	R	E	U	T	Ê	T	O	A	E	Q
Y	F	Y	X	U	E	C	N	G	L	R	P	V	E	E	P	P	G	U	G
X	U	E	S	S	E	R	A	P	W	L	T	K	N	W	H	C	A	S	P

ÉTOURDI
MALADROIT
HAUTAIN
AGACANT

ÉGOÏSTE
DISTRAIT
PARESSEUX
TÊTU

RÂLEUR
CURIEUX
BAVARD
ARROGANT

Pour ceux qui peuvent pas patienter...

Voilà la réponse.

Mais sérieusement, pas de triche, hein ?

X U E S S E R A P W L T K N W H C A S P
Y F Y X U E C N G L R P V E E P P G U G
O V B R R L L Y D Q R E U T Ê T O A E Q
E H K S G G O J K G U A O D C T N C X S
N X U E I R U C D G E Q T V L J J A I L
A R R O G A N T F O L X F I J O A N X M
S M D X I X J S F S Â X U E V H Y T E H
D R A V A B V M O X R W N O V T L S F F
P F J K J L M B E T A A I H J K G A H E
J D T I A R T S I D H T A Q F G M N Q U
R I Q K W Y W R O X A L T V I E D I Q X
B M P G H É R G I P U L U S W F S E D É
I Y D D C T F X T E T A A A I J L H T G
C F D I K O Y J K O T R H G N M H Q N O
F Y P B H U O F N H J V P O L U T F P Ï
A I K L H R T I X P N H R N I P U W L S
G T I O R D A L A M D D D F X U X N H T
C F D J R I R J K P B R G O E H Q U P E
J J C D Q U H V F U H Q V Q O W U T F W
B F N E E W H I E Q F U T K F P K F W R

SI CES MOTS TE SEMBLENT TROP SOFT...
EH BIEN, PRENDS LES CHOSES EN MAIN !
MONTRE-NOUS DE QUOI TU ES CAPABLE :
BALANCE TES EXPRESSIONS BIEN
PIMENTÉES ICI !

Voici quelques expressions croustillantes qui pourraient t'éclairer. À toi de jouer !

MONSIEUR JE-SAIS-TOUT

MOULIN À PAROLES

CAPITAINE CONNEXION

CASSE-PIEDS

DRAMA-QUEEN

GÉNIE DU CANAPÉ

PRINCESSE PARESSE

BINGO DES CONNERIES AU BOULOT !

RAS-LE-BOL DE CES EXPRESSIONS SOUVENT

ENTENDUES AU BOULOT ?

PARFAIT, BALANCE-LES DANS CES BULLES.

ET À CHAQUE FOIS QUE TU

LES CAPTES DE NOUVEAU,

COCHE-LES TOUT DE SUITE !

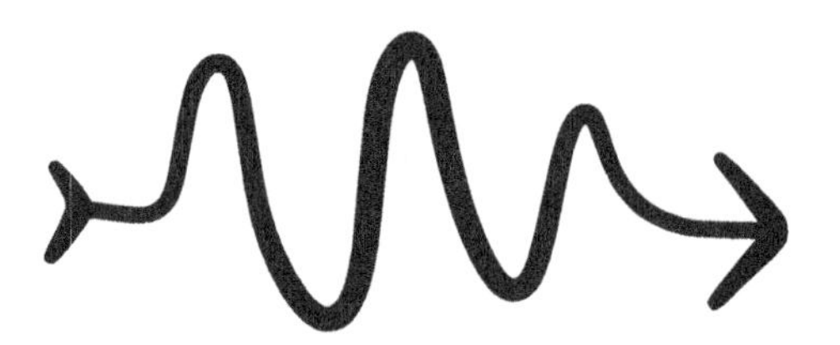

Pour chaque bulle que tu coches,
offre-toi un bon café – tu l'as
bien mérité, mon pote !

LE BOSS,
CETTE SOURCE INÉPUISABLE... D'INSPIRATION.
IL EST TEMPS DE MÉTAMORPHOSER
EN UN PERSONNAGE DE CARTOON.
T'INQUIÈTE, C'EST NOTRE PETIT SECRET :
CETTE PAGE, ELLE EST VERROUILLÉE !

UN CHOIX DE MODE TOTALEMENT RATÉ ?

DES LUNETTES ULTRA-CHIC ?

UN NEZ QU'ON NE PEUT PAS RATER ?

UNE POSTURE 'BOSS ULTIME' ?

DES OREILLES GIGANTESQUES, PEUT-ÊTRE ?

UNE MOUSTACHE FAÇON VINTAGE ?

CRAVATE DE CLOWN ?

YEUX DE LYNX OU DE TAUPE ?

SOURIRE DE REQUIN

LE BOSS :
PARFOIS MENTOR,
PARFOIS PÉNIBLE.
ENVIE DE T'AMUSER ?
VOICI LES RÉFLEXIONS D'OSKAR,
AUSSI TRANCHANTES QUE SES
GRIFFES !

RIMES POUR MON BOSS

Salut Boss, t'es vraiment brillant,
Tes idées, elles sortent de nulle part, c'est marrant.
Mais des fois, dans ma solitude,
Je rêve d'un taf où t'es pas, quelle attitude!

Ton sourire est faux, tes éloges sans poids,
Avec toi comme chef, je perds ma foi.
Mais attends, je reste, tu sais pourquoi ?
Sans toi, le fun s'envole, c'est ça, la loi !

ÉCLATS DE COULEUR DANS LE QUOTIDIEN !

Le taf, c'est souvent la même rengaine, au point où même les murs ont l'air de siester ! Prêt à secouer tout ça ? Alors, crayons en main, et transforme cette page en un carnaval de couleurs.

POUR CEUX QUI EN ONT RAS-LE-BOL

Coincé dans ton bureau en mode 'Pourquoi moi ?' Dos façon compote et tête en éruption ? Découvre le 'yoga du chat' ! Détente assurée, et adieu aux collègues casse-pieds.

PARFAIT POUR DÉTENDRE LES FLANCS APRÈS AVOIR ENDURÉ DES HEURES À CÔTÉ DE CE COLLÈGUE QUI TE SORT PAR LES YEUX.
L'HEURE EST VENUE DE S'ÉTIRER À L'OPPOSÉ !

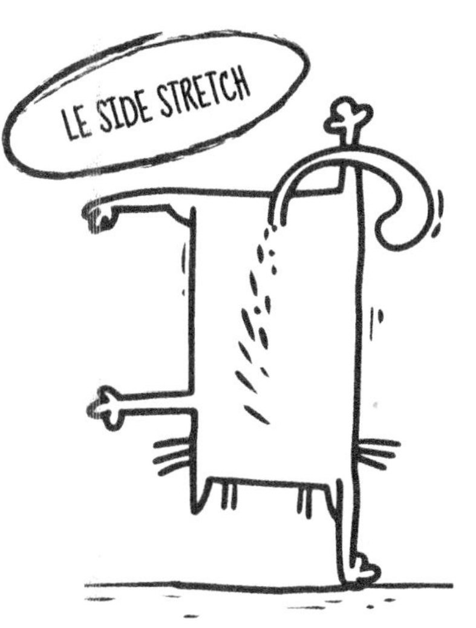

LA POSTURE IDÉALE POUR DÉCONNECTER APRÈS UNE JOURNÉE DE TRUCS COMPLÈTEMENT BARRÉS. FERME LES YEUX ET IMAGINE-TOI À DES KILOMÈTRES DE TOUS CES CASSE-PIEDS !

POUR CES JOURS OÙ TOUT PART EN VRILLE, COMME QUAND LE BOSS DIT SES TRUCS BIZARRES. TROUVE TON ZEN, ÉCHAPPE À LA FOLIE DU 9 À 5 !

PARFAIT QUAND TU TE SENS DÉCHIRÉ ENTRE LES DEMANDES SANS FIN DU BOULOT. ÉTIRE-TOI DANS TOUS LES SENS, UN PEU COMME TA PATIENCE PENDANT LES RÉUNIONS ZOOM QUI N'EN FINISSENT JAMAIS !

LA PAUSE IDÉALE POUR FUIR L'AVALANCHE D'EMAILS ET D'APPELS INCESSANTS. INSTALLE-TOI, RESPIRE PROFONDÉMENT, ET RÊVE D'UN MONDE SANS PATRON !
LE LOTUS FÉLIN

POUR LES WARRIORS QUI CHAMBOULENT LA ROUTINE. MONTRE À TON BOSS QUE TU AS PLUS D'UN TOUR DANS TON SAC, AUTRE QUE DE FAIRE SIMPLEMENT DU CAFÉ – COMME RENVERSER TA TASSE EN PLEIN HANDSTAND !
HANDSTAND SPLIT

RÉDIGE UNE LETTRE À CE COLLÈGUE INSUPPORTABLE !

T'AS DÉJÀ RÊVÉ DE SERVIR À CE COLLÈGUE AGAÇANT UN BON PLAT DE VÉRITÉS BIEN PIMENTÉES ? C'EST L'ENDROIT PARFAIT POUR ÇA ! MAIS ATTENTION, AVANT DE LÂCHER TES MOTS : TROUVE-LUI UN SURNOM BIEN CINGLANT, AU CAS OÙ CETTE LETTRE SE RETROUVERAIT PUBLIÉE PAR MÉGARDE SUR LES RÉSEAUX SOCIAUX OU DANS LES COULOIRS DU TAF !

1. TROUVE UN SURNOM STYLÉ POUR CE COLLÈGUE CASSE-PIEDS.
2. METS-LE EN GROS EN HAUT DE TA LETTRE.
3. LÂCHE-TOI ! ÉCRIS TOUT CE QUE T'AS SUR LE CŒUR, SANS FILTRE.
4. CHILL ET KIFFE TON CHEF-D'ŒUVRE, MAIS CETTE LETTRE, ELLE BOUGE PAS D'ICI !

COLLÈGUES :
PARFOIS DES HÉROS,
PARFOIS DES ZÉROS.
PRÊT POUR UN FOU RIRE ?
OSCAR, EN MODE SLAM,
TE LANCE DES PUNCHLINES
STYLÉES !

Rires & Galères

Collègues à gauche, collègues à droite,
Des fois, c'est chill, des fois, ça fight.
Souvent, pour être franc, ils me tapent sur les nerfs,
Me poussent à bout, c'est l'enfer.

lC'est ça, la vie au boulot,
Un mélange de joie, de stress et de mots.
On râle, on rit, on vit ensemble,
Dans ce chaos, un esprit de bande s'assemble.

CAFÉ DÉTENTE

LES MOTS PEUVENT ÊTRE CACHÉS DE HAUT EN BAS, DE BAS EN HAUT, DE L'AVANT VERS L'ARRIÈRE, OU INVERSEMENT.

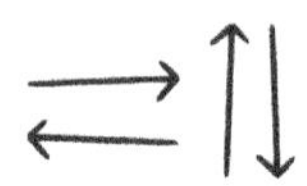

T	E	C	J	N	U	Y	L	I	X	X	O	R	B	F	H	W	U	U	E
T	U	W	O	S	V	E	U	U	D	X	É	Y	U	H	V	L	K	B	S
C	G	M	I	D	E	K	P	H	G	H	H	H	U	Y	F	T	D	S	U
F	A	N	B	U	T	T	Q	A	X	J	T	C	H	K	L	R	A	A	A
L	L	L	Q	C	N	S	H	W	M	P	Y	D	X	O	L	M	L	U	P
N	B	J	N	C	E	P	I	Q	S	T	W	J	X	M	F	D	W	H	C
X	V	B	R	R	T	L	E	S	K	Q	X	A	O	W	Q	S	F	Y	F
C	L	J	U	G	É	R	U	S	Y	H	O	M	A	A	F	K	H	V	E
Q	B	K	H	C	D	S	W	W	V	F	X	E	U	X	N	T	T	C	D
L	H	T	C	X	P	H	I	S	N	P	W	R	C	M	S	M	G	T	I
H	V	M	T	I	U	C	S	I	B	U	O	I	W	K	W	D	O	A	J
H	S	K	W	S	R	W	F	M	X	R	D	C	O	M	B	C	N	S	G
I	M	H	W	C	C	B	E	V	A	G	D	A	S	Y	Y	G	I	I	J
M	Y	G	D	U	L	N	W	S	U	O	C	N	A	R	X	K	C	L	P
E	S	P	R	E	S	S	O	T	A	S	N	O	X	N	Y	P	C	C	P
T	A	L	O	C	O	H	C	U	R	S	B	A	K	D	I	L	U	J	O
X	L	P	Q	U	H	E	S	T	K	I	Q	B	F	Y	P	M	P	N	S
V	O	R	U	D	X	W	F	A	C	P	E	T	T	A	L	X	P	K	F
U	T	K	F	P	K	G	Q	V	N	M	G	G	T	Y	L	A	A	J	Y
O	T	A	I	H	C	C	A	M	L	T	H	B	A	W	G	E	C	W	O

ESPRESSO
CAPPUCCINO
CHOCOLAT
PAUSE
LATTE
THÉ
BISCUIT
GOSSIP
MACCHIATO
AMERICANO
DÉTENTE
BLAGUE

TRICHEURS REPÉRÉS !

Allez, vous, les petits futés ! Cette fois, pas de raccourcis. J'suis prêt à parier que certains ont joué les filous la dernière fois. Mon sixième sens de félin, ça ne trompe pas.
Eh ben, sacré coup !

REPÉRER LE KING DES BOULETS

Si ton collègue présente
plus de 3 de ces signes... →
T'as gagné, t'as déniché
le champion des losers au boulot !

RACONTAR NON-STOP
Quand quelqu'un déballe son week-end épique sans même faire une pause pour respirer.
RÉUNION BLABLA
Il lance un 'petit point rapide' qui se transforme en saga... de deux heures.
RÂLEUR PROFESSIONNEL
Chaque mot qu'il lâche, c'est soit 'C'est n'importe quoi...' soit 'Ah, à l'ancienne, c'était mieux...'
FANTÔME DU SNACK
Invisible pour bosser, mais premier en ligne dès qu'il y a du cake à l'horizon.
GEEKS IMPATIENTS
Il t'envoie un mail et t'appelle une seconde après pour s'assurer que t'as checké.
GOUROUS DU GRAND BASIQUE
"Comment envoyer un fax ?" ou "C'est où qu'on met le papier dans l'imprimante ?"

DÉCRYPTE TON BOSS !

Ah, le jargon du big boss !
Franchement, même en mode
chat perspicace, je capte que dalle.
Mate ces expressions et essaie de ne pas
éclater de rire – parce que le vrai défi,
c'est pour tout de suite !

Ça pourrait marcher

=

La pire idée à la con que j'ai jamais entendue, sérieusement ?!

On devrait en discuter

=

J'ai mieux à faire que de m'occuper de cette merde.

C'est presque bien

=

C'était ta tentative ? Bordel, sérieux ?!

J'apprécie ton avis.

=

Ton avis ? Pas besoin, donc ferme-la !

ASSOCIE LES EXPRESSIONS DU PATRON
À LEURS SENS CACHÉS.
UTILISE DES COULEURS POUR DÉCRYPTER
LE VRAI VISAGE DU PATRON. ÉCLATE-TOI !

Ça pourrait fonctionner.

C'est une approche intéressante.

J'apprécie ton opinion.

C'est presque bien.

C'était une bonne tentative.

Ce n'est pas exactement ce que je voulais.

Tu ne l'as pas fait correctement.

Je veux que tu t'occupes de ça.

On y est presque.

C'est un bon début.

Cool l'effort, mais c'était de la merde.
Quelle connerie ! Sérieusement ?!
Ton opinion, c'est comme une appli inutile : personne la télécharge.
Arrête de faire des trucs sans ma permission, bon sang.
Je n'ai pas envie de faire ça, c'est à toi, génie.
Cette présentation était un putain de désastre. Quel bordel !
On est pas sur la même planète là, réveille-toi bon sang !
C'est raté, et je me demande comment tu peux être si con.
Sérieux, t'as rien pigé ? C'était pourtant pas du chinois !
Si c'était ton meilleur coup, on est dans la merde !

LA LETTRE PARFAITE DE DÉMISSION

Alors, t'as décidé de te barrer, c'est ça ? Pas de stress, considère-moi comme ton mentor en la matière ! Reste dans le coin, suis mes conseils, et ensemble, on va pondre une lettre de démission qui va laisser ton boss bouche bée !

- "Cher Boss, il est grand temps..."
- "Chèrs collègues, je ne supporte aucun d'entre vous, alors..."
- "Après mûre réflexion, j'ai réalisé que cet endroit est une sacrée merde, donc..."

- "... que je veux enfin m'échapper de cet enfer."
- "... que je suis prêt à dire adieu à ce foutu endroit."
- "... que je ne peux plus supporter le vol de café par des imbéciles comme vous."

- "Avec un œil qui rit et l'autre qui dit 'à l'enfer tout ça'..."
- "Avec une larme de joie dans un œil et un doigt d'honneur dans l'air..."
- "Avec le soulagement d'un prisonnier libéré et la joie d'échapper à ce cirque..."

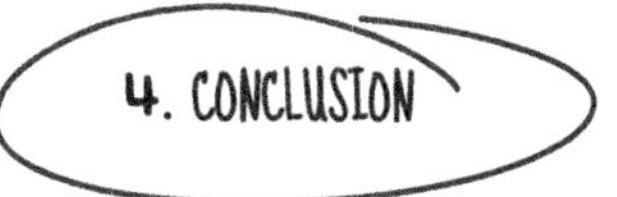

- "Merci pour tout le bordel, c'était un sacré trip. À plus !"
- "C'était une aventure épique à travers le grand n'importe quoi, et je suis ravi que ça se termine. Tchao les guignols "
- "Le distributeur de café va me manquer, mais vos tronches de cake, pas du tout. Peace les gars !"

Et maintenant, place à mon chef-d'œuvre !
Même en tant que chat, je sais comment rédiger une lettre de démission qui déchire !

Salut la bande des bipèdes,

Eh bien, ça y est ! J'en ai ma claque de vos tapotements de clavier non-stop et de vos blablas téléphoniques sans fin. C'est plus irritant qu'un aspirateur, et c'est peu dire ! Alors, écoutez bien !

1. Mon bol, une vraie désolation ! Je n'peux pas croire que vous me laissiez crever de faim ici. Continuez comme ça, et c'est moi qui serai obligé de sauter sur vos claviers pour y faire ma toilette !

2. Les sessions de câlins sont vraiment à la rue. Ma routine de star exige au moins dix caresses par heure. Ni plus, ni moins. On est d'accord ?

3. Et ma litière VIP, elle est passée où ? Une boîte avec du sable, sérieusement ? C'est ça votre vision du luxe pour un chat ?

Alors, chers prétendus "collègues", je rétracte mes griffes et je me tire. Éclatez-vous avec vos machines ennuyeuses et vos réunions à dormir debout. Je me barre, et la prochaine fois que vous croiserez un chat, rappelez-vous qu'il a probablement plus de jugeote que vous tous réunis.

Cordialement avec un dernier miaulement et une patte qui dit "Allez vous faire voir !",
Oskar

P.S. : Mon bol reste aussi vide que vos cœurs. Ciao !

C'est ton heure de briller !
Rédige ta lettre de démission
légendaire.Et n'oublie pas,
fais-en un truc explosif !

SOIRÉES AU TAF : LE MANUEL DE SURVIE

Franchement, les soirées au boulot, c'est comme une promenade dans un parc d'attractions plein de clowns maladroits. Mais t'inquiète, mon ami ! Je t'ai concocté un petit guide de survie pour naviguer dans ces eaux troubles. Crois-moi, ça va te sauver la mise.

! Avoue-le, tu es là que pour bouffer gratos, non ?! !

TES ASTUCES DE SURVIE

Mémorise l'emplacement de l'issue de secours. On ne sait jamais quand il faudra disparaître en mode ninja !

Évite de flirter avec le/la boss, même s'il/elle est assez pompette pour te prendre pour une plante de bureau.

Si la soirée dégénère, éclipse-toi discrètement. . Dis simplement que t'as une série à binge-watcher, C'est l'excuse parfaite.

Prends ton collègue le moins cool comme bouclier humain.

Repère le meilleur spot tranquille pour faire la sieste quand la fête devient ennuyeuse !

Lance ton sourire ultra-bright si tu croises un collègue relou.

C'EST À TOI !

IMAGINE...
TU AS CHOPÉ UNE INVIT' À UNE SOIRÉE
AU BOULOT. PRÉPARE-TOI À ÉLABORER DES STRATÉGIES
POUR EN RESSORTIR INDEMNE. BONNE CHANCE !

Dessine un croquis de l'endroit de la fête et marque les sorties de secours.

TES COMPLICES

Choisis trois potes pour survivre
à cette soirée de dingues.
Note leurs noms.
Choisis bien, parce que ces comparses
peuvent être tes sauveurs !

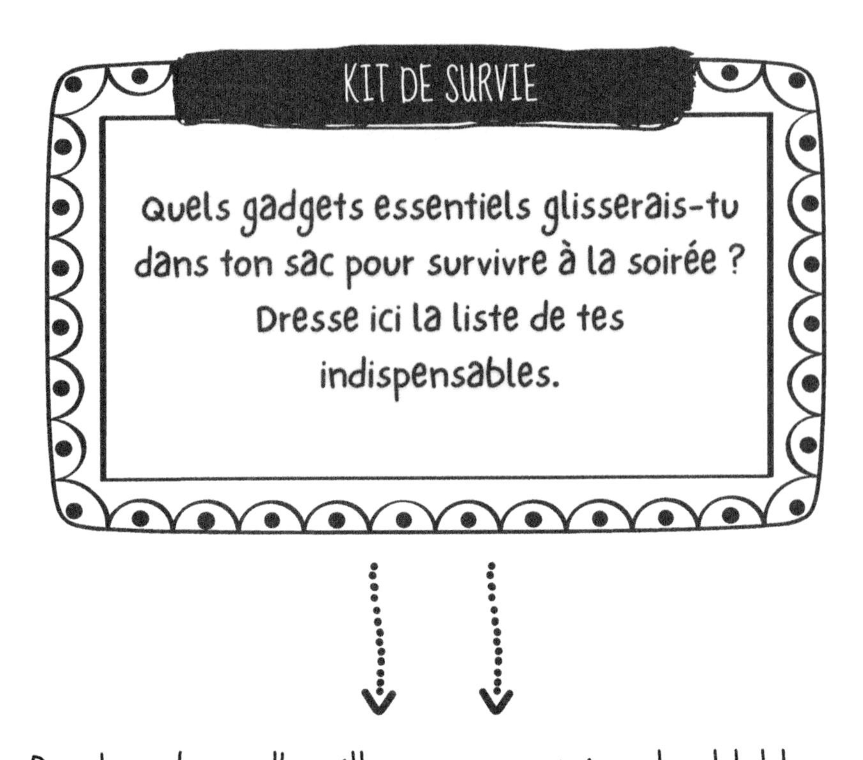

- Des bouchons d'oreilles, pour esquiver les blablas sans fin !
-
-
-
-
-

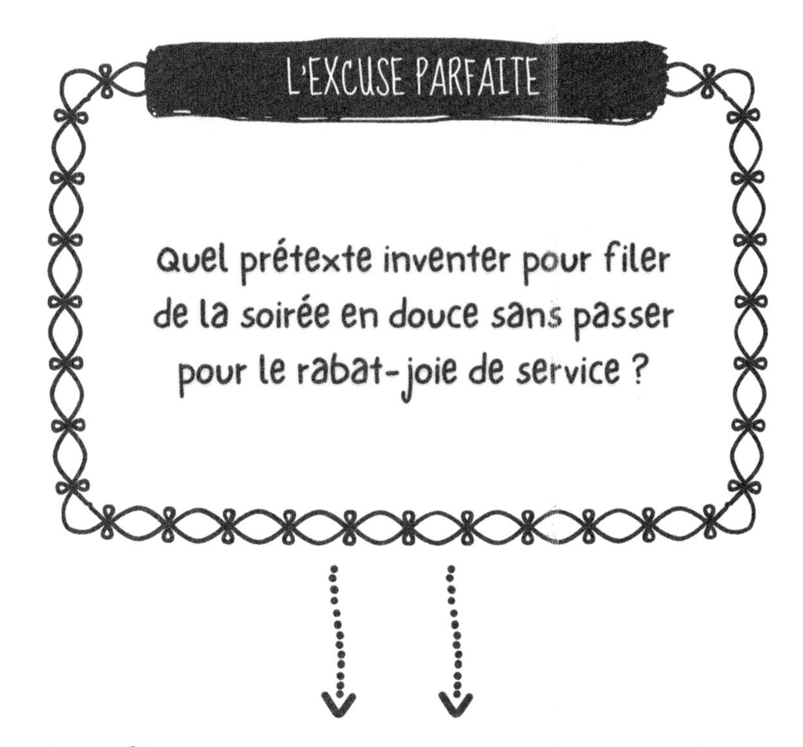

- Je dois filer, mon poisson rouge a un rendez-vous chez le psy !
-
-
-
-
-

HEY LÀ ! C'EST L'HEURE DE CHILLER COMME UN MONARQUE ! PRENDS TES CRAYONS ET FAIS D'OSCAR (OUI, C'EST BIEN DE TOI QU'ON PARLE !) UN VÉRITABLE PACHA, TRANQUILLE SUR LES GENOUX D'UNE REINE SUPER STYLÉE.
AMBIANCE 18ÈME SIÈCLE, DÉTENTE ET RONRONNEMENTS GARANTIS !

MARRE DE TON BOSS ? T'AS ENVIE DE LUI RENDRE LA PAREILLE SANS QUE ÇA DEVIENNE LE SCOOP DU BOULOT ?
VOICI LE JEU "BOSS VAUDOU"
C'EST FUN ET C'EST ZÉRO SOUCI !

Check ça ! J'ai déjà planté une épingle en plein cœur à notre boss ! Maintenant, c'est ton tour : Prends un stylo et pique-le où ça te démange le plus !

- Que son PC fasse un petit crash chaque fois qu'il/elle est à deux clics de sauver un truc méga important !
- Que son café se métamorphose en eau de vaisselle s'il/elle se pointe en retard à une réu !
-
-
-
-
-
-
-

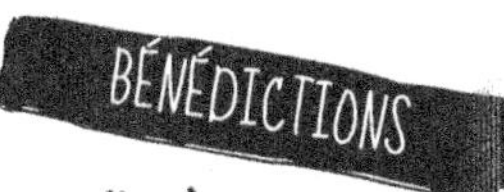

(si t'as un cœur d'or)

- Qu'il/elle déniche la meilleure place de parking, comme par magie, même aux heures de pointe !
- Que son Wi-Fi soit turbo-puissant et son café toujours à la température parfaite !
-
-
-
-
-
-
-

COLLÈGUE VAUDOU

VENGEANCE DOUCE

ET MAINTENANT QUE TU AS TAQUINÉ TON
BOSS, QUE DIRAIS-TU D'EN FAIRE AUTANT
AVEC CES COLLÈGUES EMBÊTANTS?
T'EN FAIS PAS, CE SORT VAUDOU,
C'EST JUSTE POUR LE FUN !

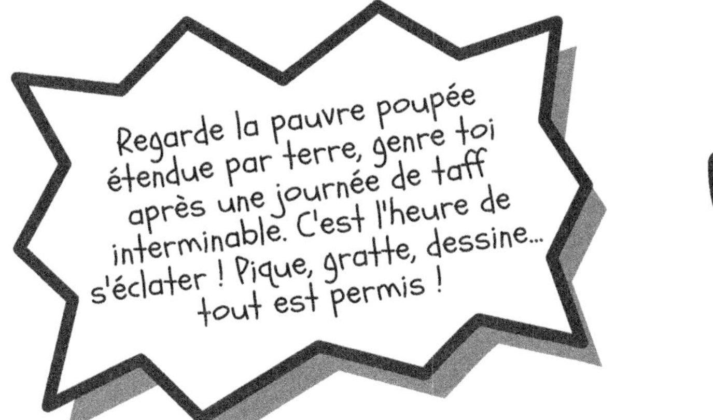
Regarde la pauvre poupée étendue par terre, genre toi après une journée de taff interminable. C'est l'heure de s'éclater ! Pique, gratte, dessine... tout est permis !

- Que son ordi fasse un caprice et plante juste quand il/elle n'a pas sauvegardé son taff !
- Que sa chaise se mette à grincer comme un fantôme chaque fois qu'il/elle bouge d'un iota !
-
-
-
-
-
-
-

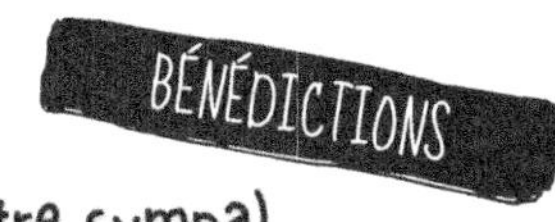

(si tu veux être sympa)

- Que son boss se tire en vacances pile quand il/elle croule sous le travail !
- Que son lundi se déroule à vitesse grand V, pour un début de semaine express !

L'EXCUSE-MATIC

Tu connais la scène :
Une réunion mortellement ennuyeuse, un rassemblement familial digne d'un somnifère, ou une soirée d'entreprise "hyper excitante" avec ces collègues tant "adorés"... L'idée de te retrouver pieds nus dans un champ de cactus te semble plus attrayante, non ?
Pas de panique, mon pote, voici la solution : L'Excuse-Matic !
Miaou !

LE DÉ FUN-TASTIQUE

CE JEU DE DÉS VA ÊTRE TON SAUVEUR !
CHAQUE LANCER, UNE EXCUSE BÉTON
POUR TE SORTIR DE CES
GALÈRES INSUPPORTABLES.
SIMPLE : COUPE, PLIE, ET C'EST PARTI
POUR LE SHOW.

- Découpe le dé à la fin du livre et assemble-le. Super facile !
- Invente six excuses bidon pour chaque galère. On te donne un coup de pouce avec un ou deux exemples, après c'est toi le maestro des excuses !
- Coincé dans une de ces situation qui t'embêtent ? Lance le dé et sors-toi de là avec l'excuse numéro gagnant.

prêt à rigoler ?

Dans les pages à venir, prépare-toi à un véritable défi avec des situations corsées. Je te propose une première excuse, puis c'est à toi de jouer. Prêt à rivaliser avec un chat futé ?

SE BARRER D'UNE RÉUNION DE TAF MORTELLEMENT ENNUYEUSE

1. Désolé, ma plante d'intérieur fait une crise d'angoisse si je la laisse seule !

2.

3.

4.

5.

6.

ÉVITER UN RASSEMBLEMENT FAMILIAL

1. Je peux pas venir, mon chat a sa séance de thérapie et je dois être là !

2.

3.

4.

5.

6.

ZAPPER UNE SOIRÉE AVEC LES POTES

1. Dommage, je peux pas, mon hamster fête son anniv' et j'ai prévu une méga teuf pour lui !

2.

3.

4.

5.

6.

ÉVITER UN RENCARD

1. Désolé, mais mon canapé m'a déjà réservé pour ce soir.
2.
3.
4.
5.
6.

ARRIVER EN RETARD AU BOULOT

1. Pardon pour le retard, mon chat dormait sur mes jambes !
2.
3.
4.
5.
6.

REFUSER UNE INVITATION À UNE SOIRÉE

1. Désolé, j'ai un meeting super important avec ma télécommande ce soir.
2.
3.
4.
5.
6.

ÉVITER DE FAIRE DU SHOPPING

1. Mon cactus m'a prié de rester à ses côtés aujourd'hui !
2.
3.
4.
5.
6.

Petite pause bien méritée, champion, après cette course folle d'excuses bidon ! T'es chaud pour un autre défi ? Allez, c'est parti ! Que le meilleur gagne (c'est moi, bien sûr) !

EXCUSE-MOI SI TU PEUX !

LES MOTS PEUVENT ÊTRE
CACHÉS DE HAUT EN BAS, DE
BAS EN HAUT, DE L'AVANT VERS
L'ARRIÈRE, OU INVERSEMENT.

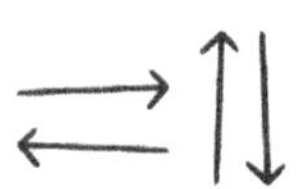

N H H U Y F S D S Y I O I H E N L W O U

W O U D D E N O T F V K S A D M Q L B Y

Y Y B T P I M C P I P R T P V K A S Q K

U P L R W P I H B U I S A G W G Y S F A

X U E D O A Y L O F L N U F G K P M C J

N X H E Y R O T T S V H D H V D C K M N

J V U R J É A C L A C J O R Y S L Y K J

X O W L M H A A N N I V E R S A I R E N

S P Y W C T M Y U S Y H O A T D O L B B

R C X C W M Q E D N A M M O C É L É T Q

Q S E N O I N U É R C G U C B J L M C O

V R K B C M B U B A Q X K K X C I P A P

É P A N A C B K W K P H Q I T L Q T R X

A H K L Q C Y O O F A J N I X V V R U B

P L A N T E Q J M Q Y M L T J K G E S O

H W S U T C A C V M A K F B I N V T V U

P P D H N C L U G P V P O L T N Y S Q L

V Y W D L F P Q U H X M T A H C T M O O

R B F S U O V Z E D N E R A Q H H A G T

I B X B Q Y M E E T I N G R Y B D H Y L

PLANTE
HAMSTER
CACTUS
ANNIVERSAIRE

CANAPÉ
CHAT
RÉUNION
MEETING

TÉLÉCOMMANDE
BOULOT
THÉRAPIE
RENDEZVOUS

Oups, my bad ! J'ai encore égaré les réponses, mais sérieux, c'était pas pour la triche. J'étais juste en plein chill, genre petit soin des pieds.. Cool, mon pote, t'es assez malin pour les retrouver par toi-même !

LA SURPRISE BONUS
D'OSKAR

Hey, warrior ! T'as cru qu'on avait fini, hein ? Pas du tout, mon pote, j'ai encore une autre petite surprise pour toi. T'avais affaire aux collègues et au boss, mais qu'en est-il de la famille ? Ouais, "ces excentriques du clan" qui peuvent te rendre dingue !

Dans cette section bonus, je vais te présenter quelques-uns de ces spécimens que tu pourrais croiser dans ta propre tribu. De la tante hyper condescendante à l'oncle vantard, ils sont tous là !

Alors, chope un café (ou quelque chose de plus fort), installe-toi confortablement, et rigolons ensemble de cette famille de tarés. Parce qu'à la fin de la journée, même si ça peut paraître flippant parfois, ils restent quand même de la famille...

Avec des griffes pleines d'amour,

Oskar, le Chat Cool

LA TANTE INCOLLABLE

Tiens, c'est la tante "Miss-Je-Sais-Tout" !
Elle, c'est la championne incontestée du
monde en conseils. T'as un souci ? Elle a
la solution, même si t'as rien demandé !

LE COUSIN FRIMEUR

Mon cousin, oh là là, il a tout, et il veut
que tu le saches ! Il se vante à la moindre
occasion. Nouvelle voiture ? Il l'a. Nouveau
boulot ? Il l'a décroché. Et ses fringues ?
Il s'habille comme un noble médiéval,
comme s'il était le king des sorties ! Mais
tu sais ce qu'il n'a pas ?
Mon esprit vif et mon charme !

LE BEAU-FRÈRE RELAX

Mon beau-frère, il parle pas beaucoup, mais son silence en dit long. Il est le roi des moments gênants lors des réunions familiales. Un peu boring ? Peut-être. Mais au moins, il dit pas n'importe quoi !

LA TANTE CONDESCENDANTE

Ma tante Martine, celle qui te regarde toujours de haut avec son regard condescendant. Rien ne semble lui plaire, mais au moins, la Tante "Jugemental" te donne toujours une bonne raison de viser plus haut !

Utilise cet espace pour griffonner ton parent pénible.

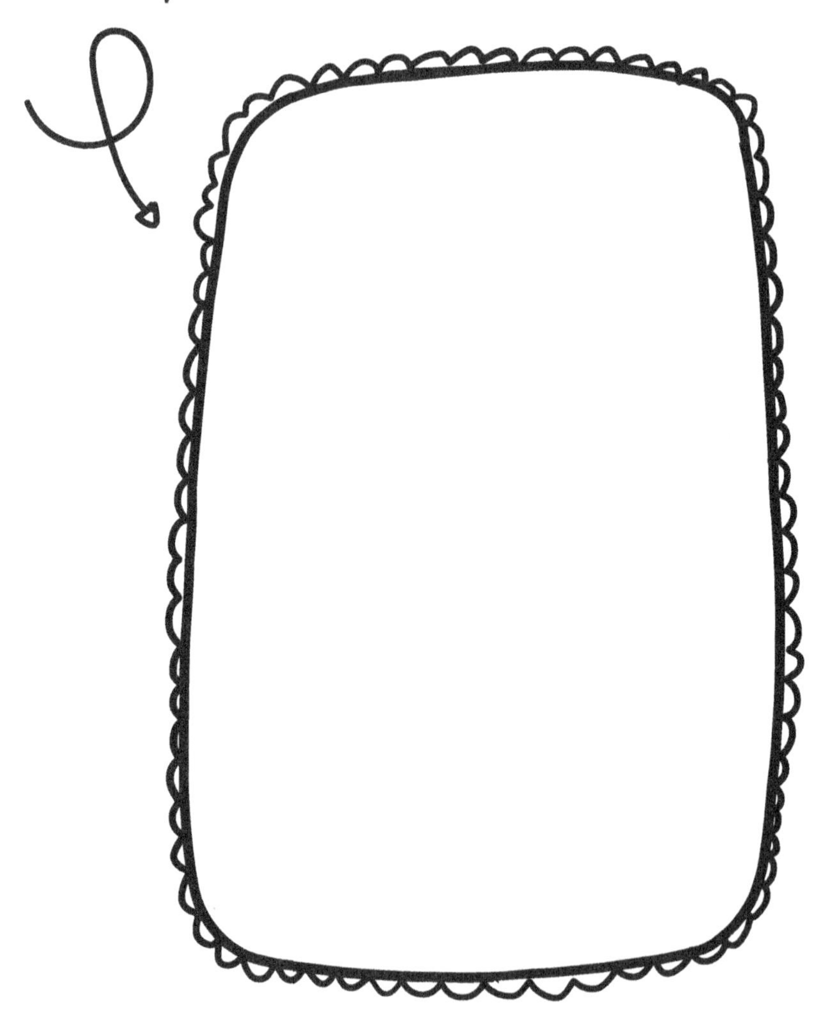

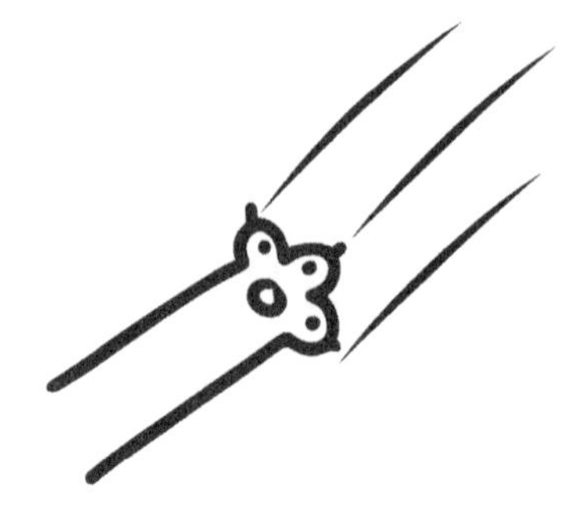

Ne te retiens pas – exagère un peu et rend cette caricature aussi ridicule que tu le souhaites !

SUR UNE ÉCHELLE DE 1 À 10, À QUEL POINT CE PARENT EST-IL AGAÇANT ? COLORIE LE NUMÉRO.

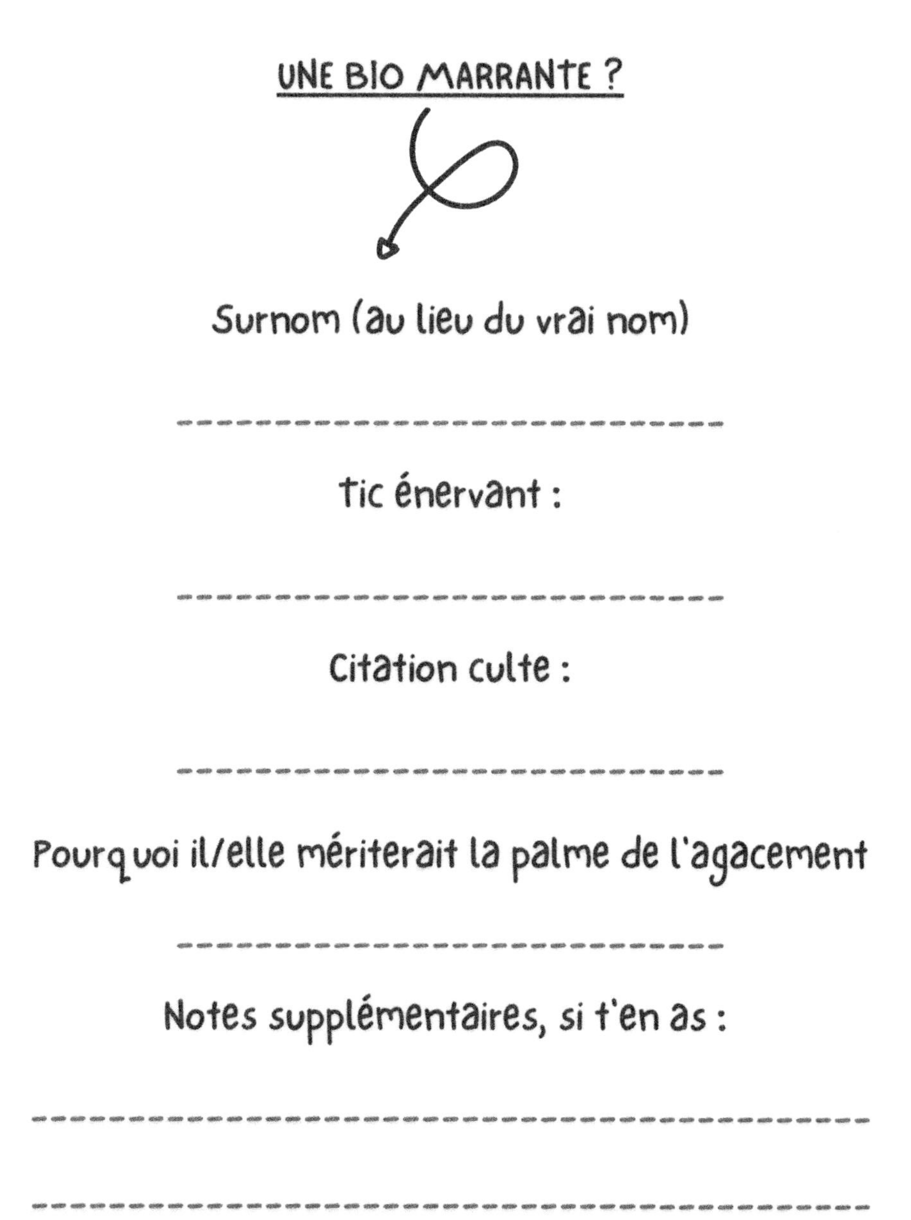

UNE BIO MARRANTE ?

Surnom (au lieu du vrai nom)

____

tic énervant :

____

Citation culte :

____

Pourquoi il/elle mériterait la palme de l'agacement

____

Notes supplémentaires, si t'en as :

____

____

Utilise cet espace pour griffonner ton parent pénible.

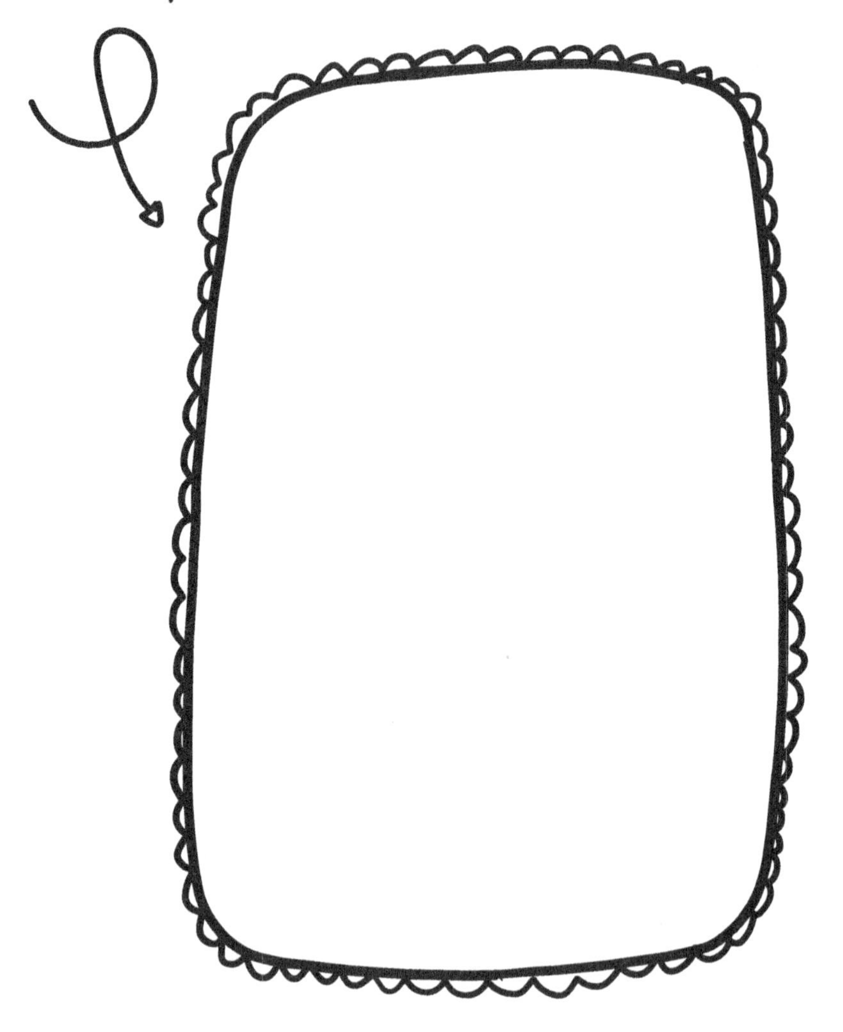

Ne te retiens pas - exagère un peu et rend cette caricature aussi ridicule que tu le souhaites !

SUR UNE ÉCHELLE DE 1 À 10, À QUEL POINT CE PARENT EST-IL AGAÇANT ? COLORIE LE NUMÉRO.

UNE BIO MARRANTE ?

Surnom (au lieu du vrai nom)

----

tic énervant :

Citation culte :

Pourquoi il/elle mériterait la palme de l'agacement

Notes supplémentaires, si t'en as :

Utilise cet espace pour griffonner ton parent pénible.

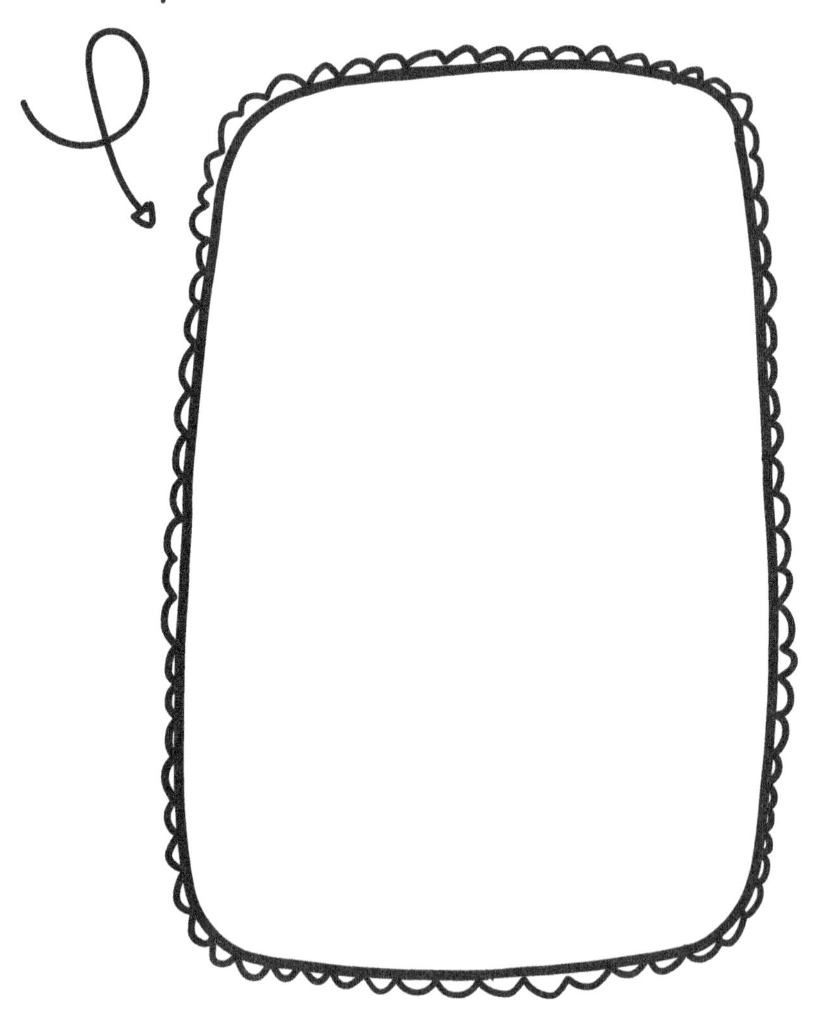

Ne te retiens pas – exagère un peu et rend cette caricature aussi ridicule que tu le souhaites !

SUR UNE ÉCHELLE DE 1 À 10, À QUEL POINT CE PARENT EST-IL AGAÇANT ? COLORIE LE NUMÉRO.

UNE BIO MARRANTE ?

Surnom (au lieu du vrai nom)

----

tic énervant :

Citation culte :

Pourquoi il/elle mériterait la palme de l'agacement

Notes supplémentaires, si t'en as :

Utilise cet espace pour griffonner ton parent pénible.

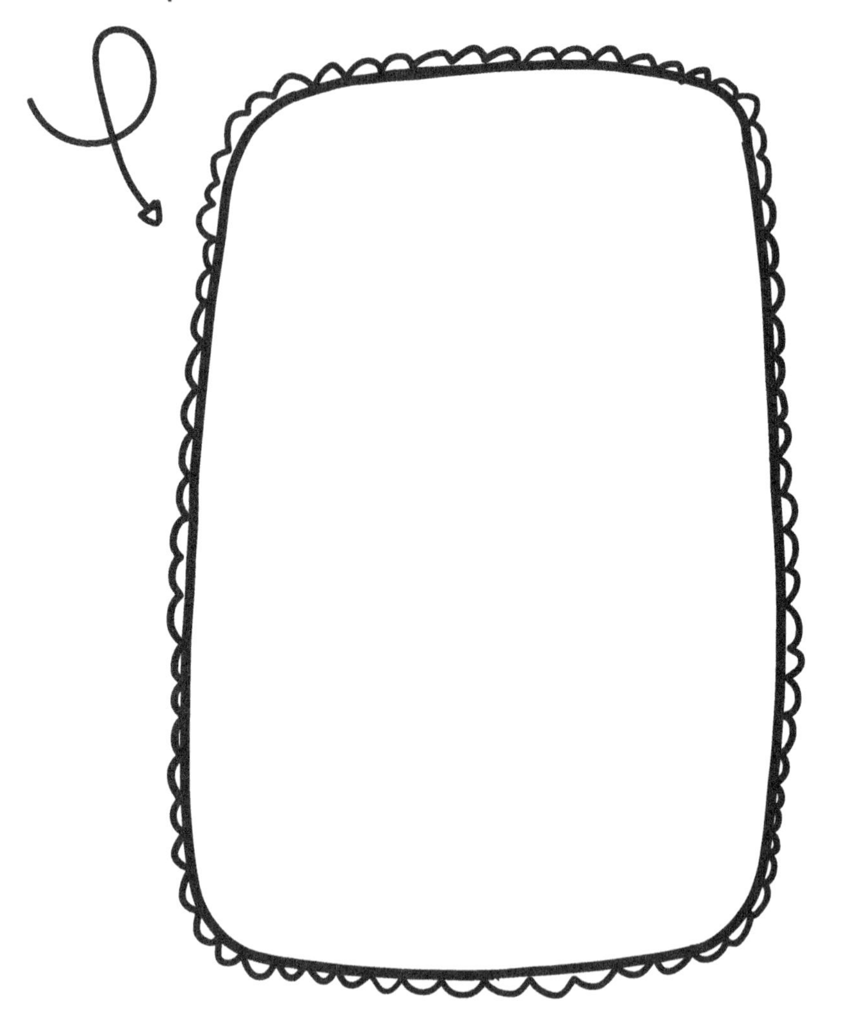

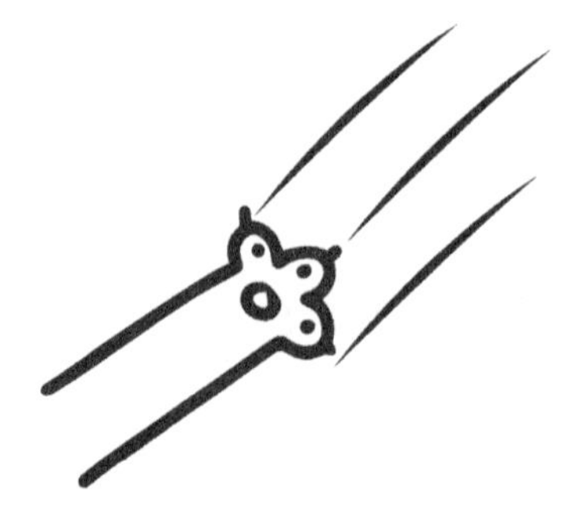

Ne te retiens pas - exagère un peu et rend cette caricature aussi ridicule que tu le souhaites !

SUR UNE ÉCHELLE DE 1 À 10, À QUEL POINT CE PARENT EST-IL AGAÇANT ? COLORIE LE NUMÉRO.

UNE BIO MARRANTE ?

Surnom (au lieu du vrai nom)

____

tic énervant :

____

Citation culte :

____

Pourquoi il/elle mériterait la palme de l'agacement

____

Notes supplémentaires, si t'en as :

____

____

Utilise cet espace pour griffonner ton parent pénible.

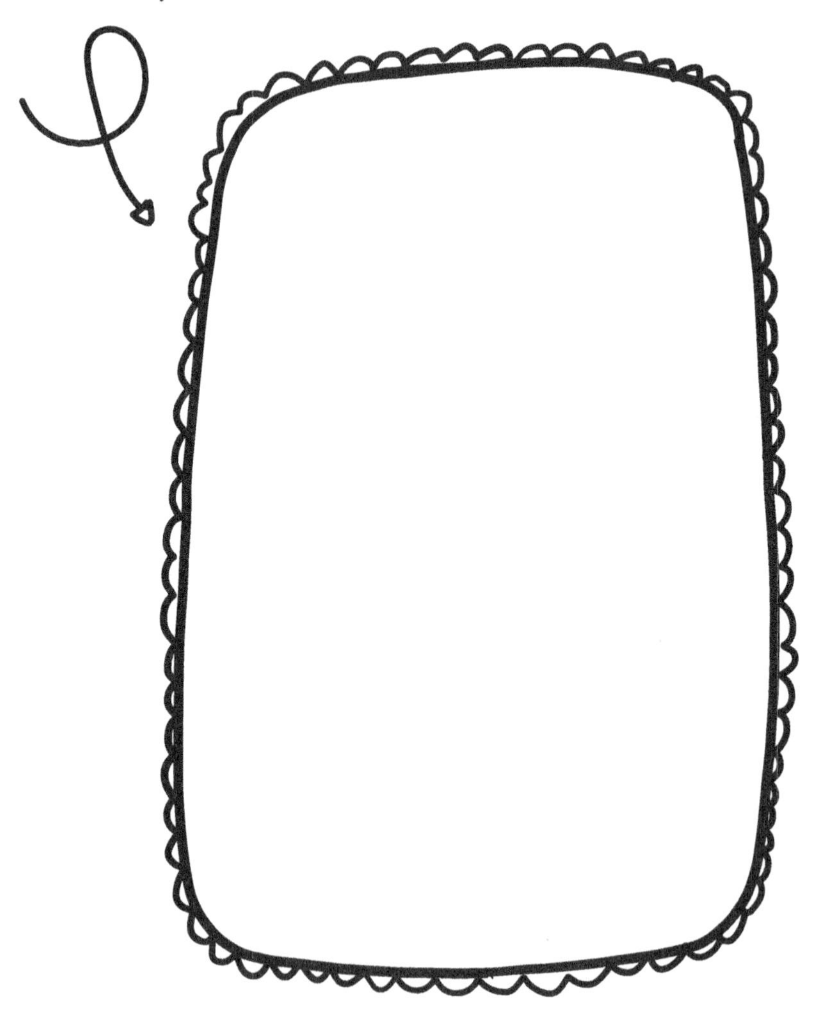

Ne te retiens pas – exagère un peu et rend cette caricature aussi ridicule que tu le souhaites !

SUR UNE ÉCHELLE DE 1 À 10, À QUEL POINT CE PARENT EST-IL AGAÇANT ? COLORIE LE NUMÉRO.

UNE BIO MARRANTE ?

Surnom (au lieu du vrai nom)

----

tic énervant :

Citation culte :

Pourquoi il/elle mériterait la palme de l'agacement

Notes supplémentaires, si t'en as :

DU CASSE-PIEDS NIVEAU EXPERT

INSTRUCTIONS :

Forme : Dessine une étoile géante ou un truc qui te fait soupirer. Genre, un gros 'ARGH' visuel.

Couleur : Ajoute une couche de doré ou une teinte qui crie "tu m'énerves !". Un rouge énervé serait parfait.

texte : Donne un surnom rigolo à ce 'cher' parent. 'Casse-pieds Niveau Expert', ça sonne bien, non ?

Déco : Ajoute des stickers marrants ou ce qui te tombe sous la main pour le rendre encore plus voyant. Rends-le impossible à ignorer !

Cérémonie de remise : Un petit speech marrant, genre "Félicitations, tu as gagné le prix de celui/celle qui sait le mieux me taper sur les nerfs !

3
1
2

Eh là, ce livre t'a plu, n'est-ce pas ? Je parie que tu n'as pas pu t'empêcher de rigoler. Te retrouver au milieu de ces personnages un peu dingos. Ça a dû te rappeler quelques souvenirs !

Voici un plan sympa : pourquoi ne pas partager ce moment de fun ? Offre ce livre à un pote, celui qui a toujours une blague dans la poche. Ou à ton collègue, le roi de la pause café. Et ton boss ? Oui, oui, fais-lui ce cadeau ! Surtout s'il a le sens de l'humour.

Un petit commentaire sur Amazon, ça te dit ? Une recommandation, c'est le top. Pense à ça : un livre partagé, c'est une bonne dose de rire et d'esprit léger qui se répand. La joie, c'est contagieux, tu sais ?

Avec plein de ronrons et quelques coups de griffe,
Oskar

UN MIAULEMENT D'ADIEU : LES DERNIÈRES GRIFFURES D'OSKAR

Eh bien, mon courageux complice, nous avons traversé le champ de mines de la vie de boulot, déjoué les idiots, et supporté le boss. On a bien rigolé, et peut-être as-tu même tenté quelques-unes de mes poses de yoga géniales (ou au moins souri en les imaginant).

J'espère que tu te sens maintenant plus fort, plus sage, et prêt à conquérir le monde avec ton esprit vif et ton humour sarcastique. Et si jamais tu te retrouves à nouveau embêté par les idiots qui t'entourent, souviens-toi : Tu es toujours plus malin qu'eux – mais peut-être pas aussi rusé qu'un chat !

À la prochaine, admirable humain. Et n'oublie pas : Quand la vie te donne des citrons, balance-les simplement sur les idiots. Miaou !

Avec des griffes affûtées, des moustaches élégantes,
Je t'ai accompagné, quelle aventure charmante !
À travers boulot et boss, bruit et tourments,
Avec humour et esprit, tout au long du temps.

Il est temps de dire 'adieu' et de se quitter,
Mais ne t'en fais pas, dans ton cœur je vais rester !
Car Oskar, le chat, n'est jamais bien loin,
Dans ton cœur, je serai toujours ton étoile, ton coin.

Alors ris, vis, sois malin et avisé,
Et pense à moi pour une surprise improvisée.
Je suis toujours là, prêt à bondir,
Pour un moment de joie, un éclat de rire !

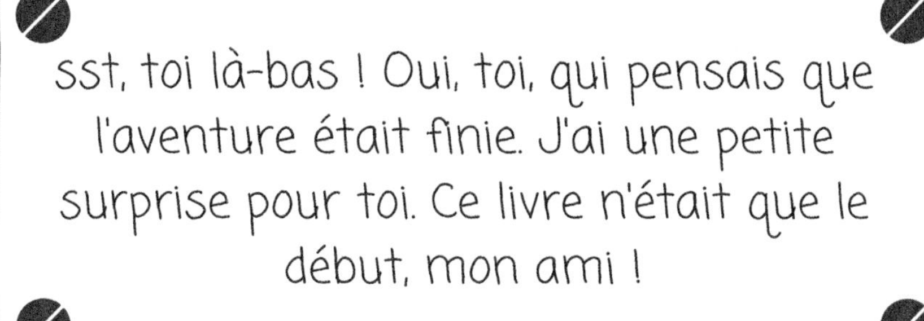

Garde un œil sur ma page Amazon, car il y aura encore plus de contenu drôle, sarcastique et griffu à venir. Plus de rires, plus de fun, plus d'Oskar ! Qui pourrait résister à ça ?

Alors sois prêt, reste vigilant, et n'oublie pas : un chat a toujours plus d'une vie, et j'ai plein de tours dans ma manche. À la prochaine, âme merveilleuse, et reste toujours aussi espiègle que moi !

Max Lachmich

Le voici, le dé magique promis !
Découpe-le soigneusement.
Amuse-toi bien, et que le meilleur gagne !

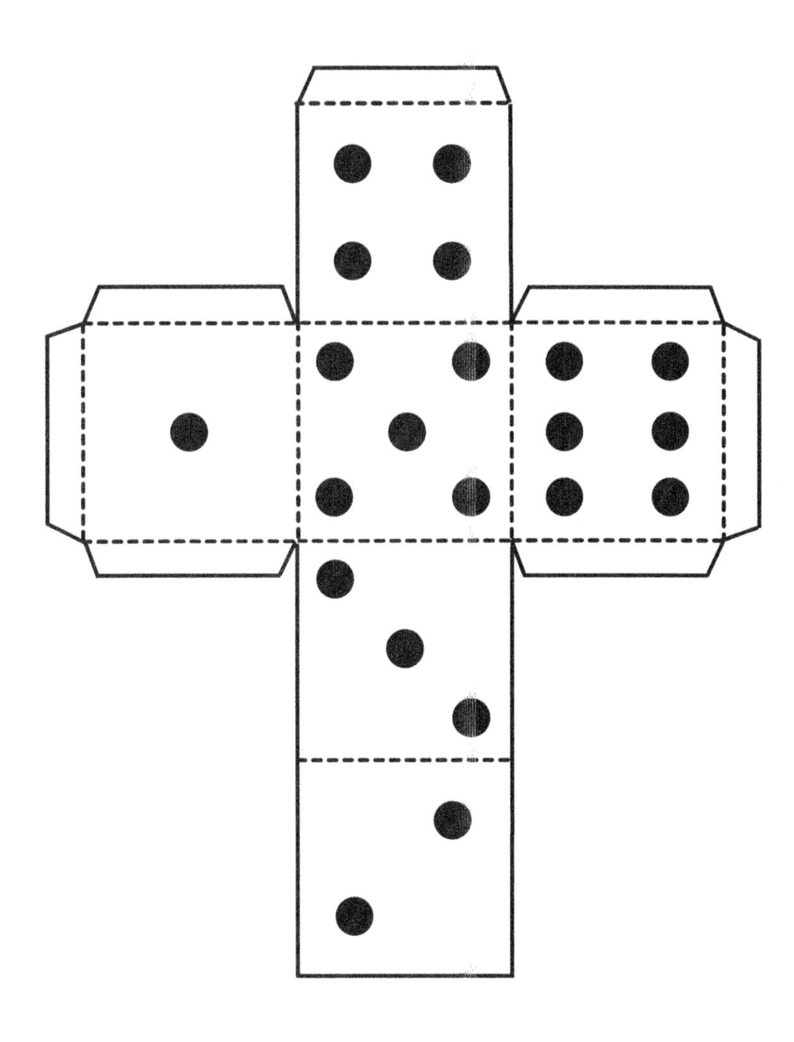

Dé Fun-tastique
Découper le long des lignes continues et plier aux lignes en pointillés.

Découper ici

Certificat de Survie

Il est par la présente attesté que

----

a triomphé des épreuves épineuses et des défis hérissés du boulot avec humour, sarcasme, épaulé par l'inégalable Oskar.

Remis avec fierté et quelques égratignures par
Oskar, le chat de bureau

P.S. Vous l'avez fait, âme admirable ! Allez maintenant, montrez au monde qui est le véritable boss !

Printed by Amazon Italia Logistica S.r.l.
Torrazza Piemonte (TO), Italy